Fiche **philosophe**

Par Céline Laurens

Hobbes

LePetitPhilosophe.fr

HOBBES

PHILOSOPHE ANGLAIS FONDATEUR DE LA PENSÉE POLITIQUE MODERNE

- **Né en 1588 à Westport**
- **Décédé en 1679 à Hardwick Hall**
- **Quelques-unes de ses œuvres :**
  - *Du citoyen* (1642)
  - *Le Léviathan* (1651)
  - *De corpore* (1655)

Surnommé « l'Anglais », Thomas Hobbes est un philosophe du **XVIIe siècle** qui entreprit une **exploration des sciences et des liens sociaux**. On le rattache au **courant des empiristes**, pour qui l'expérience sensible est à l'origine de toute connaissance. Son œuvre majeure, ***Le Léviathan***, pose **les bases de la notion de souveraineté** et est liée à la crise politique et religieuse que traversait l'Angleterre en 1651 lors de sa publication.

N'entretenant que très peu de correspondances, Hobbes, maintes fois **accusé d'athéisme**, préférait répondre aux critiques par des articles ou de petites brochures. Il marquait également une distance volontaire avec le « continent », même lorsqu'il y découvrait des savants aussi éminents que Galilée. Cette attitude explique le peu de matériaux historiques dont on dispose pour éclairer sa vie et son œuvre.

Thomas Hobbes exerça une influence considérable sur l'émergence du libéralisme au XXe siècle. Il influença des philosophes tels que Baruch Spinoza, John Locke, Joseph de Maistre ou Carl Schmitt.

BIOGRAPHIE

PREMIÈRES ANNÉES

Thomas Hobbes est **né en 1588** à Westport, dans le Wiltshire, en Angleterre, où son père était vicaire. C'est son frère, ayant fait fortune dans l'industrie gantière, qui finance ses **études de philosophie**. Il se forme d'abord chez un pasteur local, puis intègre Oxford. Sa formation terminée, il est engagé dès **1608** comme **précepteur** de William Cavendish (1591-1628), le fils ainé du premier comte de Devonshire, qui a presque le même âge que lui. Sa mission est de **voyager avec son élève, principalement en France et en Italie**, et de le guider dans les différentes sociétés du continent. En 1610, le maitre et l'élève sont à Paris. Hobbes est alors considérablement marqué par l'assassinat d'Henri IV (1533-1610).

De retour en Angleterre, il travaille à partir de **1620** avec le philosophe Francis Bacon (1561-1626) : il s'intéresse alors aux **mathématiques**, à la **physique** et au **courant matérialiste**. En 1629, il découvre **Euclide** (IIIe siècle av. J.-C.) et se met à étudier la géométrie avec ferveur. Ses recherches donneront lieu au Court Traité des premiers principes (1630). Parallèlement, il se consacre à l'**étude du latin** et entreprend une **traduction de Thucydide** (vers 460-395 av. J.-C.) qu'il publie en 1629. L'historien grec, qui influencera par la suite ses thèses, lui prouve que la démocratie est un régime inepte et que la présence d'un seul homme pour commander est plus sage que celle d'un parlement.

En **1634**, peu après la mort de son premier élève, Hobbes devient le **précepteur** de son tout jeune fils, lui aussi appelé William Cavendish (1617-1684), avec qui il entreprend une série de **voyages** jusqu'en 1637. C'est au cours d'une de leurs escales à Florence, en 1636, qu'il rencontre Galilée (1564-1642). Hobbes se familiarise alors avec **les cercles intellectuels de l'époque**, comme celui de l'abbé Marin Mersenne (1588-1648), véritable secrétaire de l'Europe savante, et avec les discussions scientifiques relatives aux travaux de Gassendi (1592-1655) et de René Descartes (1596-1650). C'est à cette époque qu'il adhère aux thèses déterministes.

L'ÂGE MÛR

En **1640**, l'hostilité envers les proches des familles nobles anglaises et du roi inquiète beaucoup Hobbes. Celui-ci souhaite donc pacifier les esprits en écrivant un petit traité sur les droits de la souveraineté : ***Éléments du droit naturel et politique***. Dans cet ouvrage, il se place du côté du roi Charles Ier (1600-1649) et expose les fondements d'une théorie sur la société. Toutes ses thèses futures s'y esquissent déjà en filigranes, notamment l'idée d'un pacte social nécessaire qui mettrait en place une souveraineté absolue et acceptée, celle d'un monarque ou d'une assemblée considérés comme une personne.

Le livre n'est pas imprimé, mais plusieurs personnes en obtiennent des copies et le texte fait beaucoup parler de lui, ce qui attire à Hobbes de nombreux ennemis. En danger et effrayé par les périodes de troubles qu'il prévoit sanglantes, il quitte alors l'Angleterre et se réfugie en France : Hobbes **s'exile à Paris durant onze ans**, de 1640 à 1651. Il y rédige notamment **Du citoyen**, publié en 1642, et ***De la nature humaine***, publié en 1650. Ce n'est qu'en 1651 que parait **Le Léviathan**, son œuvre majeure, alors qu'il atteint ses soixante-deux ans.

Revenu en Angleterre, mais accusé d'athéisme et de trahison à partir de 1660, ses dernières années sont une lutte constante pour défendre l'ouvrage. C'est en 1679 qu'Hobbes s'éteint, au sein de la famille du duc de Devonshire.

CONTEXTE PHILOSOPHIQUE

LA SITUATION POLITIQUE EN ANGLETERRE

Au XVIIe siècle, un grave conflit déchire l'Angleterre. **Charles Ier**, qui devient roi en 1625, est **attaqué par le Parlement, les catholiques et les puritains**, qui protestent contre l'alliance en une même personne du pouvoir royal et sacerdotal (religieux). Or le roi tient par-dessus tout à détenir ces deux pouvoirs afin de maintenir une administration infaillible. Les questions religieuses soulevées par les puritains passionnent toute l'Angleterre de cette époque : le peuple, les magistrats et les assemblées discutent interminablement de la Bible et des droits de la conscience.

BON À SAVOIR

Le **puritanisme** désigne un courant du protestantisme voulant purifier l'Église d'Angleterre du catholicisme, c'est-à-dire faire disparaitre celui-ci. C'est une théorie politique ainsi qu'une doctrine religieuse qui affirme l'autorité suprême des Écritures saintes. Quant au **protestantisme**, il s'agit de l'ensemble des doctrines religieuses issues de la Réforme et nées au XVIe siècle en opposition à l'Église catholique romaine : le protestantisme entendait renouveler radicalement le christianisme.

En **1641** débute la **première Révolution anglaise** (1641-1649). Charles Ier, sous l'influence de ses conseillers, désire réaliser le rêve de son père Jacques Stuart (1566-1625) : unifier l'Angleterre, l'Écosse et l'Irlande en un même royaume. Mais ses aspirations inquiètent les Anglais qui craignent pour leurs droits et croulent sous des impôts de plus en plus élevés. Une lutte s'engage alors entre le roi, perçu comme un monarque tyrannique par ses sujets, et les forces parlementaires. Charles Ier rompt finalement avec le parlement en 1642.

Après **deux guerres civiles** successives (1642-1645 et 1648-1649), la première Révolution anglaise aboutit à la **décapitation de Charles Ier** en 1649 à Whitehall, près de Westminster, et à l'établissement d'une république : **le Commonwealth d'Angleterre**. Celle-ci durera jusqu'en 1660, date de la restauration monarchique.

Ce contexte politique difficile a eu de nombreuses répercussions sur la vie de Hobbes, puisqu'il a été forcé, pour sa sécurité, de quitter l'Angleterre. Mais il a également influencé ses ouvrages majeurs, tous orientés vers la pensée politique.

LE SCANDALE DE LA PARUTION DU *LÉVIATHAN*

Exilé en France, c'est en **1651** que Hobbes publie son œuvre principale : *Le Léviathan*. Un dessin à la plume sert de frontispice à l'ouvrage : il représente un géant monstrueux dont le corps est composé d'une multitude d'individus et ne possède qu'une seule tête. C'est le Léviathan, **un monstre biblique**, qui donne son nom à l'ouvrage et **représente l'État**. Ce dessin signifie que l'État agit au nom et au lieu des citoyens : **son pouvoir est gigantesque et sans limites**. En outre, le géant tient entre ses mains une crosse et une épée, ce qui signifie qu'il est à la fois un chef spirituel (il détient le pouvoir religieux) et temporel (il a le pouvoir sur son peuple). Le bas de la gravure complète par ailleurs cette signification avec des enseignes militaires et religieuses : on y voit une cathédrale et une forteresse, une mitre d'évêque et une couronne de roi, un concile et une bataille, ainsi que des symboles scientifiques. Le Léviathan est un être artificiel et monstrueux, une voix unique parlant à la place de la multitude, qui commande au pays, à l'Église et à la science.

Lors de sa parution, le livre fait **scandale** :

- d'une part, on crie au blasphème et on accuse l'auteur d'athéisme ;
- d'autre part, les royalistes accusent Hobbes de trahir la cause du roi et de chercher à s'attirer les faveurs d'Olivier Cromwell (1599-1658), puritain et figure de proue de l'opposition au roi Charles Ier.

Effectivement, **certains passages du *Léviathan* sont des plus virulents** : Hobbes décrète notamment que le roi ne possède pas son trône par droit d'héritage, qu'il ne commande pas au nom de Dieu et n'est plus son lieutenant sur terre. C'est désormais un contrat humain qui est à la base de son pouvoir.

Lorsque le roi Charles II (1630-1685) monte sur le trône d'Angleterre en 1660, Hobbes, rentré au pays la même année, est toutefois reçu avec ferveur à la cour. Mais ses ennemis ne se désarment pas et, en 1667, *Le Léviathan* est **condamné par**

la Chambre des communes. Charles II décide de protéger le philosophe, à condition que celui-ci ne publie plus aucun livre ayant trait à la politique ou à la morale. Hobbes consacre donc la fin de ses jours à des polémiques avec des géomètres de Cambridge. Il poursuit également une discussion avec l'évêque Bramhall (1594-1663) portant sur la liberté et sur la notion de hasard. Publiée en 1666, cette correspondance est d'une grande vigueur. Selon Baruch Spinoza (1632-1677), personne n'y aurait défendu le déterminisme avec plus de conviction.

PENSÉE ET APPORT

LA THÉORIE MORALE ET POLITIQUE

L'homme est un loup pour l'homme

Tandis que la plupart des moralistes, depuis Aristote (322-384 av. J.-C.), affirment que l'homme est un être naturellement social, Hobbes objecte que l'homme nait sans aptitude naturelle à vivre en société. Selon lui, **l'homme est, à l'état de nature, un loup pour l'homme** : il est uniquement animé par des pulsions égoïstes qui s'opposent aux intérêts des autres et qu'il assouvit par la force et la violence. L'unique règle est la loi du plus fort, ce qui engendre une **guerre permanente de tous contre tous** (citation 1). Le philosophe a recours à de nombreux exemples pour justifier sa position :

- si les hommes s'aimaient naturellement, dit-il, le soir ils ne fermeraient pas leurs volets ;
- de même, s'ils avaient confiance en leur prochain, ils ne barricaderaient pas leurs portes et ne possèderaient pas d'armes.

BON À SAVOIR

L'**état de nature** n'a jamais existé en tant que tel. Il s'agit d'une hypothèse philosophique qui consiste à imaginer l'homme avant l'apparition de la société, des gouvernements et des lois. Elle vise à faire comprendre les avantages de l'existence sociale. Pour Hobbes, cet

D'après Hobbes, les hommes naissent égaux, et c'est cette égalité naturelle qui engendre la crainte d'autrui : en effet, d'un être qui nous est égal et hostile, nous pouvons tout redouter. Dès lors, pourquoi vivre en société si autrui représente un danger ? Selon le philosophe, nous ne désirons la compagnie de nos semblables que pour des motifs intéressés, notamment dans une société commerciale où les autres nous sont indispensables. Les hommes s'aident mutuellement à développer leurs fortunes, sans aucune affection, mais par simple intérêt.

Le droit naturel et la loi naturelle

Dans le contexte de violence qui caractérise l'état de nature, le philosophe dote l'homme d'**un droit naturel inalié-nable** : celui de **disposer de son corps comme il l'entend** et d'**affirmer sa volonté égoïste** dans le but de préserver sa propre vie envers et contre tous, par tous les moyens qu'il jugera nécessaires (<u>citation 2</u>). Or les individus étant fondamentalement hostiles les uns aux autres, la survie de chacun est menacée à chaque instant et, par conséquent, la situation dans l'état de nature s'oppose à l'application du droit naturel de survie. La situation est donc sans issue.

<u>**BON À SAVOIR**</u>

Le **droit naturel** désigne un droit fondamental, résultant de la nature des hommes, et qui ne serait pas dicté

C'est pourquoi Hobbes évoque l'existence d'**une loi naturelle issue de la raison humaine** : celle-ci somme l'homme de **refuser toute situation susceptible de le mener à la destruction de sa propre vie**, autrement dit de refuser l'état de guerre et de rechercher la paix. La loi naturelle désigne ainsi la loi précédant celle établie par une justice mise en place unanimement et administrativement. La loi de nature n'est donc pas à proprement parler une loi, c'est une série de conclusions tirées par le raisonnement sur ce que nous avons à faire pour accéder à la paix :

- rechercher la paix dès que l'on a une espérance de la rencontrer ou nous préparer à la guerre s'il n'y a pas moyen de l'obtenir autrement ;
- observer les pactes conclus sous peine de commettre une injustice ;
- accepter un bienfait avec la conviction que jamais le bienfaiteur n'aura à se repentir de son acte ;
- pardonner à quiconque se repent ;
- assurer une sureté inviolable à ceux qui s'entremettent pour assurer la paix ;
- avoir recours à des témoins impartiaux lorsque l'existence d'un fait ne peut être établie avec des preuves certaines ;
- bannir toute pratique telle que l'ivrognerie entravant en nous l'usage de la raison, etc.

Toutefois, selon Hobbes, **la loi naturelle n'est pas suffisante pour assurer la paix**. Elle prescrit des dispositions intérieures, mais elle ne nous garantit pas qu'autrui possèdera ces mêmes dispositions et leur obéira. L'homme continue donc à vivre dans la peur et le danger, constamment exposé aux possibles attaques des autres. Comment faire dès lors pour quitter cette situation d'insécurité omniprésente ?

La nécessité de l'État et du contrat social

Comme l'explique le philosophe, sans une puissance supérieure qui instaure des lois civiles et tienne les individus dans la crainte d'une possible peine, la paix est impossible parmi les hommes (citation 3). Ceux-ci se doivent donc d'instituer une telle puissance, qui prend la forme de **l'État**, dont le rôle est de **garantir la paix et la sécurité**. Il devient alors la condition nécessaire pour vivre en société.

Plus précisément, **les hommes renoncent à la liberté absolue dont ils jouissent à l'état de nature et confient une part de leur liberté à l'État par le biais d'un pacte appelé le « contrat social »** : il s'agit d'un artifice librement voulu par les individus en vue d'assurer l'ordre, la sécurité, la paix et l'égalité de tous. Le contrat social résulte donc d'une décision consciente et volontaire des hommes, qui décident de vivre ensemble selon des règles communes, et non plus en fonction des intérêts de chacun (citation 4).

BON À SAVOIR

Le **contrat social** est une convention par laquelle une ou plusieurs personnes s'engagent envers une ou plusieurs autres à faire ou à ne pas faire quelque chose. Ce contrat est bilatéral (ou multilatéral), c'est-à-dire qu'il contient des engagements réciproques. Selon Jean Jacques Rousseau (1712-1778), le contrat social désigne l'ensemble des conventions fondamentales qui, bien qu'elles n'aient peut-être jamais été énoncées, sont impliquées par la vie en société.

En somme, ce qui permet de passer de l'état de nature à la vie en société, de la guerre à la paix, c'est la mise en place d'un contrat tacite passé entre les sujets et l'État. Si Hobbes parle de « sujets », c'est parce que, selon lui, le terme de « peuple » n'a aucune légitimité : le peuple n'existe pas avant le contrat social, c'est lui qui fait exister cette notion. Le contrat social résulte donc de l'accord d'individus qui sont des entités distinctes et particulières.

L'État comme pouvoir absolu

Comme l'explique Hobbes, afin d'être réellement efficace, **l'État doit prendre la forme d'un pouvoir absolu concentré entre les mains d'une seule personne** (le souverain) ou d'un groupe de personnes, choisies parmi les membres de la société, qui agit comme bon lui semble. Cet État est surnommé le Léviathan dans la mesure où il a tous les pouvoirs : les sujets lui abandonnent totalement leur droit de se gouverner eux-mêmes, donc leur liberté (citation 5).

Néanmoins, le pouvoir absolu du souverain n'est légitime que du moment qu'il assure la paix, la sécurité et la protection de ses sujets, à la fois vis-à-vis d'eux-mêmes et vis-à-vis des invasions étrangères.

Hobbes dresse la **liste des droits et des devoirs de l'État** :

- le Léviathan ne partage pas le pouvoir ;
- il doit édicter des lois et ses sujets doivent les suivre par crainte de la punition ;
- le roi est sujet de Dieu et a des devoirs envers lui comme tous ses sujets ;
- le salut du peuple doit être pour le souverain la loi suprême puisque c'est pour cette raison qu'il a été placé au-dessus d'eux et doté de pouvoirs illimités ;
- le souverain doit mettre en place des lois destinées à favoriser le gain des artisans et à modérer la superfluité des dépenses ;
- il doit soutenir les sciences et les mathématiques ;
- il doit assurer la cohésion au sein des familles ;
- il doit rendre la justice et répartir également les biens entre ses sujets ;
- il doit laisser à ses sujets la plus grande liberté possible. Prétendre régler par des lois minutieuses et multiples les actions des individus c'est enlever toute initiative à la société. Un homme raisonnable et honnête dans l'état de société ne doit pas être privé de la liberté dont il jouissait dans l'état de nature (en regard évidemment de l'intérêt social), sinon la délégation de son propre pouvoir n'aurait pas d'intérêt ;
- l'une des seules situations où le citoyen peut se retourner contre le Léviathan, c'est si celui-ci essaie de s'emparer de son droit fondamental de vivre, etc.

L'État et l'Église

La véritable originalité de Hobbes réside dans la place qu'il donne à l'Église par rapport à l'État. Selon lui, **le pape et l'Église doivent être soumis au souverain**. En effet, la mission de l'Église est purement spirituelle et lorsqu'elle essaie d'exercer un pouvoir matériel, elle devient infidèle à sa vocation et usurpe le pouvoir de l'État. Par conséquent, elle ne peut avoir qu'un rôle de conseiller auprès du Léviathan (citation 6).

C'est également à l'État qu'il appartient de prendre les mesures nécessaires au bon fonctionnement de l'administration ecclésiastique. Autrement dit, **le roi tient entre ses mains les deux sceptres** : le spirituel (qui représente la religion) et le temporel (qui représente le gouvernement de ses sujets). Il est maitre à la fois de la science, des forces de l'état et de la religion. C'est un dieu terrestre assurant la paix. Ainsi, Hobbes préconise **un absolutisme de droit divin**. Il s'agit d'un régime politique dans lequel le souverain, omnipotent, détient son pouvoir de Dieu lui-même, concentre tous les pouvoirs entre ses seules mains et gouverne sans aucun organe de contrôle. Selon le philosophe, seul un pouvoir de ce type est capable de garantir la stabilité.

HOBBES ET LES SCIENCES

L'utilitarisme hobbésien

Si Hobbes est surtout célèbre pour sa pensée politique, il s'est également intéressé à **la science**, dont il estime qu'elle a un **but utilitaire**, c'est-à-dire pratique. Il s'agit là d'un **point de vue novateur**, puisque bon nombre de scientifiques de son époque se contentent d'une science spéculative (c'est-à-dire abstraite, théorique) et descriptive qui analyse les évènements de l'existence, les substances et leur origine. Ce type de connaissance ne permet, selon Hobbes, ni de construire des barrages, ni de prédire des évènements à venir tels que des tremblements de terre ou des catastrophes naturelles.

Le philosophe anglais, lui, veut au contraire agir, bâtir des navires et des habitats, dans le but de rendre la vie humaine plus agréable. Par conséquent, la métaphysique ne présente pas d'intérêt à ses yeux. Ce qui est important, c'est **la connaissance des faits et de leur enchainement**. Le monde est une machine, et connaitre une machine c'est compter des pièces et être capable de les mettre à leur juste place. C'est la raison pour laquelle Hobbes avait pour habitude de dire, en mathématiques, que tous les actes de notre intelligence se ramènent à une addition ou à une soustraction d'images. Ainsi, lorsqu'un charbon brillant nous brule la main, puis que l'on distingue un autre objet brillant, par exemple une bougie, on additionne ces deux idées et on obtient la notion de flamme brulante.

BON À SAVOIR

La **métaphysique** désigne la science des premières causes et des premiers principes, autrement dit la science de l'être.

Un point de vue empiriste

La pensée de Hobbes peut à bien des niveaux être rapprochée de celle de John Stuart Mill (1806-1873), un des fondateurs de l'utilitarisme. Tous deux sont empiristes : selon eux, **au départ, l'esprit humain est une table rase et la connaissance s'acquiert par l'expérience sensible**. Tout ce qui existe en nous vient de l'expérience, et connaitre consiste à ajouter de nouveaux faits aux anciens : **connaitre, c'est additionner**. Quel que soient les objets auxquels s'applique l'esprit humain, Hobbes applique toujours la même méthode : il additionne et soustrait. L'homme additionne les mots qui découlent des images perçues premièrement et qui se sont atténuées. Les images sont trop instables pour faire l'objet d'un calcul, car on les oublie et elles évoluent. Ce qu'il nous reste des impressions qu'ont fait sur nous les images, ce sont des mots.

Hobbes est peut-être **le premier philosophe qui ait réussi à donner une explication entièrement mécanique du monde**. Pour chaque phénomène, il s'efforce de construire un schème explicatif et de décrire les mouvements cachés dans les apparences sensibles. Il est intransigeant et réaliste, bien éloigné des anciennes croyances en une âme du monde, de la Terre ou des astres.

BON À SAVOIR

L'**utilitarisme** est une doctrine faisant de l'utile le principe de toutes les valeurs dans l'ordre de la connaissance comme dans celui de l'action. L'utilité constitue le seul critère de la moralité : est bonne l'action qui contribue au bonheur du plus grand nombre.

Le raisonnement expérimental

Les hypothèses que propose Hobbes furent vite abandonnées. Cependant, il serait injuste de ne pas lui rendre hommage, car il rendit service à la pensée scientifique. En effet, Hobbes a conçu ce que trois siècles plus tard Claude Bernard (1813-1878) devait appeler **le raisonnement expérimental**. Émettre des hypothèses, les développer et les vérifier, voilà effectivement **la méthode scientifique moderne**. Cette méthode, Hobbes l'a comprise et pratiquée :

- il imagine de nombreuses hypothèses pour expliquer les faits, tout en sachant qu'elles ne peuvent prétendre à une certitude absolue : il les présente donc comme de simples explications plausibles ;
- il énumère ensuite les caractères que doit posséder une hypothèse pour être acceptable. Celle-ci n'est véritablement explicative que si elle est simple et de structure mathématique ;
- enfin, il semble très bien comprendre ce que l'on nomme désormais le développement de l'hypothèse. Avant de comparer une hypothèse avec l'expérience, il convient de la développer, c'est-à-dire de déduire toutes les conséquences qu'elle comporte.

Hobbes n'admet que l'existence de ce qu'il voit. C'est un visuel qui répugne aux idées pures, à ce qui n'a pas de preuve sensible, pas d'explication empirique. Il n'a jamais voulu admettre que les individus possédaient une intériorité originelle qu'une science ne peut comprendre et pénétrer.

La déduction de l'existence de Dieu

Selon Hobbes, **l'homme a pour nature de vouloir toujours connaitre les causes** : dès qu'il découvre la cause d'un effet, il se met à rechercher la cause de cette cause et ainsi de suite. Remontant de cause en cause, il essaie alors de **parvenir à une cause éternelle** qu'aucune autre cause n'a pu produire. Un premier moteur est donc nécessaire et c'est la raison pour laquelle Hobbes postule **l'existence de Dieu** : l'homme ne peut pas ne pas croire en lui (citation 7).

Par ailleurs, pour le philosophe, **Dieu est unique**. Croire en plusieurs dieux est propre à l'homme primitif et résulte de la peur. Il est cependant **impossible de se former une idée de ce Dieu**. Notre faculté de connaitre réside dans la sensation, elle est l'étoffe unique de notre savoir. Or nous n'avons pas de sensation de Dieu, son existence découle uniquement d'une déduction logique (citation 8).

L'un des plus grands adversaires de Thomas Hobbes sur le plan idéologique est **René Descartes** (1596-1650). Il était un peu plus jeune que Hobbes, mais il mourut trente ans avant ce dernier. Émigrés chacun à leur manière, Descartes en Hollande et Hobbes en France, c'est la diffusion des *Méditations métaphysiques* (1641) de Descartes qui marque le commencement de leur **affrontement idéologique**.

Descartes, qui consacre cette œuvre à prouver l'existence de Dieu, entre autres, est très soucieux de l'opinion des théologiens catholiques sur son texte. Nul doute, dès lors, que l'intervention de Hobbes, un protestant, l'irrite. De plus, Hobbes a été catalogué comme athée suite à la sortie du *Léviathan*. **Là où Descartes ponctue ses textes de preuves sur l'existence de Dieu, Hobbes affirme que seule la foi en Dieu est possible puisqu'on ne peut jamais être certain d'une vérité à son égard**.

En 1649, Descartes et Hobbes mêlent le problème de Dieu à des questions de pure géométrie. La controverse devient publique et la relation entre les deux hommes se fait houleuse. Descartes met alors fin à toute discussion avec Hobbes qu'il fait avec mauvaise foi passer pour un philosophe amateur.

Selon Hobbes, **l'individu nait sans aptitude naturelle à vivre en société** : à l'état de nature, l'homme, uniquement mu par des pulsions égoïstes, est un loup pour l'homme, ce qui engendre un état de guerre permanent. Dans ce contexte, tout homme dispose d'un **droit naturel** inaliénable : celui de **disposer de son corps comme il l'entend et d'affirmer sa volonté égoïste** dans le but de préserver sa propre vie par tous les moyens qu'il jugera nécessaires.

À ce droit naturel, Hobbes oppose une **loi naturelle** issue de la raison humaine : celle-ci enjoint l'homme de **refuser toute situation susceptible de le mener à la destruction de sa propre vie**. Toutefois, selon le philosophe, sans une puissance supérieure qui instaure des lois civiles et tienne les hommes dans la crainte d'une sanction, la paix est impossible.

Les hommes décident alors librement de **confier une part de leur liberté à un souverain ou à une assemblée par le biais du contrat social**, en échange de la garantie de leur sécurité. L'État ainsi constitué doit selon Hobbes prendre la forme d'un **pouvoir absolu de droit divin** : le souverain est omnipotent et tient son pouvoir de Dieu lui-même. En outre, il détient non seulement le pouvoir matériel, mais également le pouvoir spirituel : le pape et l'Église lui sont soumis. À côté de sa théorie politique, Hobbes s'est intéressé aux sciences, estimant qu'elles doivent avoir un **but utilitaire**. Il est par ailleurs le premier philosophe à parvenir à donner une **explication entièrement mécanique du**

monde et est **à l'origine du raisonnement expérimental**.

POUR ALLER PLUS LOIN

- BERNARDT (Jean) et ZARKA (Yves Charles), *Thomas Hobbes : philosophie première théorie de la science et politique*, Paris, PUF, 1990.
- HOBBES (Thomas), *Du Citoyen*, traduction de Philippe Crignon, Paris, GF-Flammarion, 2010.
- HOBBES (Thomas), *Éléments du droit naturel et politique*, traduction de Delphine Tivet et d'Yves Charles Zarka, Paris, Vrin, 2010.
- HOBBES (Thomas), *Le Léviathan*, traduction de Gérard Mairet, Paris, Gallimard, 2000.
- LANDRY (Bernard), *Hobbes*, Paris, Librairie Félix Lacan, 1930.
- LESSAY (Franck), *Souveraineté et Légitimité chez Hobbes*, Paris, PUF, 1988.
- MACPHERSO (Crawford Brough), *La Théorie politique de l'individualisme possessif*, traduction de Michel Fuchs, Paris, Gallimard, 1971.
- NAVILLE (Pierre), *Thomas Hobbes*, Paris, Plon, 1988.
- POLIN (Raymond), *Hobbes, Dieu et les hommes*, Paris, Philosophie d'aujourd'hui, 1981.
- POLIN (Raymond), *Politique et philosophie chez Thomas Hobbes*, Paris, PUF, 1952.

TESTEZ VOS CONNAISSANCES !

ASSOCIEZ CHAQUE CITATION À L'EXPLICATION QUI LUI CORRESPOND

Citation 1 : « [...] l'état naturel des hommes, avant qu'ils eussent formé des sociétés, était une guerre perpétuelle [...] de tous contre tous. » (*Du Citoyen*, Paris, GF-Flammarion, 2010)

Citation 2 : « Le droit de nature [...] est la liberté qu'a chacun d'user comme il le veut de son pouvoir propre, pour la préservation [...] de sa propre vie, et en conséquence de faire tout ce qu'il considérera [...] comme le moyen le mieux adapté à cette fin. » (*Le Léviathan*, Paris, Gallimard, 2000)

Citation 3 : « Seules les lois civiles appuyées sur la toute puissance du souverain et sur l'exercice du droit de punir entraînent avec elles la crainte de sanctions et obligent ce dont les lois naturelles sont incapables. » (*Éléments du droit naturel et politique*, Paris, Vrin, 2010)

Citation 4 : « J'autorise cet homme ou cette assemblée d'hommes, et je lui abandonne mon droit de me gouverner moi-même, à cette condition que tu lui abandonnes ton droit et autorises toutes ses actions de la même manière. » (*Le Léviathan*, Paris, Gallimard, 2000)

Citation 5 : « On dit qu'un État est institué quand les hommes en multitude s'accordent et conviennent, chacun avec chacun, que, quels que soient l'homme ou l'assemblée d'hommes, auxquels la majorité a donné le droit de représenter la personne de tous, chacun, aussi bien celui qui a voté pour que celui qui a voté contre, autorisera toutes les actions et jugements de cet homme ou de cette assemblée d'hommes comme s'ils étaient les siens propres, dans le but de vivre en paix entre eux et d'être protégés contre les autres. » (*Le Léviathan*, Paris, Gallimard, 2000)

Citation 6 : « Notre Sauveur n'a laissé aucun pouvoir coercitif aux ecclésiastiques, mais seulement le pouvoir de proclamer le royaume du Christ et de convaincre les humains de s'y soumettre avec des préceptes et des conseils [...]. » (*Le Léviathan*, Paris, Gallimard, 2000)

Citation 7 : « Il y a un premier moteur, une cause éternelle de toutes choses : c'est ce que les hommes signifient sous le nom de Dieu. » (*Le Léviathan*, Paris, Gallimard, 2000)

Citation 8 : « Comment pourrait-on démontrer l'existence de ce qui n'est pas dans la nature, et de ce dont nous n'avons ni conception, ni image, puisque cela est incompréhensible ? » (*Éléments du droit naturel et politique*, Paris, Vrin, 2010)

Explication a : l'homme étant curieux, il recherche sans cesse les causes de ce qui l'entoure jusqu'à remonter à leur origine, et cette origine, c'est Dieu, premier moteur de toutes choses.

Explication b : c'est l'accord commun entre les hommes qui est à la base de l'État et de la force du souverain. Celui-ci permet à la paix d'être instaurée.

Explication c : c'est dans la sensation que la faculté humaine de connaitre réside. Dieu n'étant pas présent sur terre, l'homme est condamné à ne jamais pouvoir se former une idée sur lui.

Explication d : sans une puissance supérieure qui instaure des lois civiles et tienne les individus dans la crainte d'une possible peine, la paix est impossible parmi les hommes.

Explication e : dans l'état de nature, les lois n'existent pas, c'est un état sauvage où les hommes sont des prédateurs les uns pour les autres.

Explication f : par le biais du contrat social, tous les hommes s'engagent à confier une part de leur liberté à un homme ou à un ensemble d'hommes qui gouverne dès lors à leur place.

Explication g : l'Église n'a aucun pouvoir matériel, sa mission est uniquement de nature spirituelle.

Explication h : l'homme est dans l'état de nature doté d'un droit de nature inaliénable : celui de veiller à sa survie. En vue de sa préservation, tout lui est permis.

Explication i : seul un pouvoir absolu de droit divin est capable de maintenir la paix.

Explication j : la science a un but utilitaire, pratique.

Rendez-vous sur lepetitphilosophe.fr et découvrez :

Plus de 1200 analyses
Claires et synthétiques
Téléchargeables en 30 secondes
À imprimer chez soi

ISBN version numérique : 978-2-8062-4944-9
ISBN version papier : 978-2-8080-0105-2
Dépôt légal : D/2017/12603/489

Conception numérique : Primento,
le partenaire numérique des éditeurs.

Made in the USA
Monee, IL
08 July 2026